Lady
Dippendorff
& Elsa
Le colporteur

UN CONTE DE GRIMM

LES LUTINS ET LE CORDONNIER

SCÉNARIO
MARTIN POWELL

DESSINS ET COULEUR
PEDRO RODRIGUEZ

EP JEUNESSE
" Des récits d'aventures classiques à lire au premier ou au second degré "

DES MÊMES AUTEURS

EMMANUEL
PROUST
EDITIONS

LES LUTINS ET LE CORDONNIER
DE POWELL ET RODRIGUEZ
Traduit de l'Anglais (États-Unis) par Benjamine des Courtils

INÉDITS ET INFORMATIONS SUR EPEDITIONS.FR

ACHEVÉ D'IMPRIMER EN DÉCEMBRE 2012 PAR L'IMPRIMERIE PPO, EN FRANCE.
DÉPÔT LÉGAL : JANVIER 2013
ISBN : 978-2-84810-415-7

IL ÉTAIT UNE FOIS, IL Y A BIEN LONGTEMPS, UN PAUVRE CORDONNIER NOMMÉ EMRICK.
DELIKATESSEN
EMRICK'S SHOES

IL ADORAIT SON MÉTIER ! IL TRAVAILLAIT DUR À SON OUVRAGE.
STITCH
STITCH
STITCH

TOUT LE MONDE SAVAIT QU'IL FABRIQUAIT LES MEILLEURES CHAUSSURES DE LA VILLE.
PARFAIT ! C'EST FINI !

CE CORDONNIER N'ÉTAIT PEUT-ÊTRE PAS L'HOMME LE PLUS RICHE DE LA VILLE...
HÉ, COUCOU LES ENFANTS !
... MAIS IL AVAIT UN CŒUR D'OR.
LA GÉNÉROSITÉ D'EMRICK ÉTAIT LÉGENDAIRE À TRAVERS TOUT LE PAYS.
LES GENS TROP PAUVRES ÉCHANGEAIENT SOUVENT DES OBJETS CONTRE SES CHAUSSURES...
CELA LUI CONVENAIT TRÈS BIEN.

LE VIEUX PEINTRE M'A DONNÉ CECI, FRIEDA.
ET LE CHARPENTIER M'A DONNÉ CE CADRE...
OH, EMRICK, C'EST MAGNIFIQUE !

ET VOILÀ.
CE TABLEAU ÉGAYE TOUTE LA PIÈCE !

PLUS TARD, CETTE NUIT-LÀ...
JE FERAIS MIEUX DE ME REMETTRE AU TRAVAIL AVANT QUE LA BOUGIE NE S'ÉTEIGNE...
MAIS QUAND LE CORDONNIER ATTRAPA SON MATÉRIEL...
OH NON ! IL ME RESTE À PEINE ASSEZ DE CUIR POUR UNE TOUTE PETITE PAIRE DE CHAUSSURES...
SNIP
SNIP
SNIP
EMRICK TERMINAIT DE COUPER LE CUIR, QUAND LA BOUGIE S'ÉTEIGNIT...
ON DIRAIT QUE JE VAIS DEVOIR LES FINIR DEMAIN MATIN...

AU MATIN...
J'AI FAIT UN RÊVE ÉTRANGE CETTE NUIT, FRIEDA... !
J'ALLAIS DANS MON ATELIER, ET LÀ, JE DÉCOUVRAIS QUE LA PAIRE DE CHAUSSURES SUR LAQUELLE JE TRAVAILLAIS ÉTAIT...
... TERMINÉE ?!
COMMENT EST-CE POSSIBLE ?
C'EST LA PLUS JOLIE PAIRE DE SOULIERS QUE J'AIE VUE DE MA VIE !

SOUDAIN, LA CLIENTE LA PLUS FORTUNÉE DU CORDONNIER ENTRA DANS LA PIÈCE...
DING DING!
LADY DIPPENDORFF !
QUELLE, HEM... AGRÉABLE SURPRISE !
J'AI BESOIN DE CHAUSSURES HABILLÉES POUR ELSA, MÊME SI JE DOUTE SINCÈREMENT QUE VOUS EN VENDIEZ DE SEMBLABLES DANS CETTE PORCHERIE...
MAIS ELLE A INSISTÉ POUR VENIR, AU CAS OÙ...

UMF... JE NE VOIS RIEN D'ACHETABLE SUR VOS ÉTAGÈRES...
JE SUIS DÉSOLÉ, JE...
CELLES-LÀ SONT JOLIES, MÈRE !
EH BIEN... C'EST VRAI ELSA... CELLES-CI SONT ASSEZ... CORRECTES...
HMMM... C'EST EXACTEMENT VOTRE TAILLE !
JE LES ADORE !
CECI DEVRAIT SUFFIRE...
GARDEZ LA MONNAIE.
CLINK
CLINK

EMRICK'S SHOES
MERCI, MONSIEUR CHAUSSURES !
REGARDE, FRIEDA ! ELLE M'A DONNÉ QUATRE PIÈCES D'OR !
JE N'OSAIS MÊME PAS LUI EN DEMANDER UNE SEULE !
OH, MAIS C'EST UNE MERVEILLEUSE NOUVELLE !
MAINTENANT, NOUS POURRONS ACHETER DE LA NOURRITURE, ET PAYER NOTRE LOYER !
JE SUIS SI FIÈRE DE TOI, EMRICK !

PLUS TARD, APRÈS AVOIR FAIT LES COURSES...
IL ME RESTAIT MÊME ASSEZ D'ARGENT POUR RACHETER DU CUIR...
IL EST TEMPS DE ME METTRE AU TRAVAIL !
OH, JE CROIS QUE J'AI OUBLIÉ D'ACHETER UNE NOUVELLE BOUGIE...
J'IMAGINE QUE JE VAIS DEVOIR ATTENDRE DEMAIN MATIN POUR TERMINER CELLES-CI...
MAIS QUAND LE CORDONNIER SE RÉVEILLA LE LENDEMAIN MATIN...
JE N'Y CROIS PAS ! CELLES-LÀ AUSSI SONT TERMINÉES !

ELLES SONT MAGNIFIQUES, EMRICK ! C'EST TON MEILLEUR TRAVAIL !
COMMENT EST-CE POSSIBLE ? EST-CE QUE JE TRAVAILLE PENDANT MON SOMMEIL ?
EXCUSEZ-NOUS, MAIS CE SONT EXACTEMENT LES CHAUSSURES QUE NOUS CHERCHONS !
NOUS VOUS ACHETONS LES DEUX PAIRES !
JE N'Y COMPRENDS RIEN !
C'EST UN MIRACLE.

LES SEMAINES PASSÈRENT JOYEUSEMENT POUR LE CORDONNIER ET SA FEMME.
CHAQUE SOIR, IL DÉCOUPAIT LES PATRONS DE NOUVELLES CHAUSSURES, ET LES LAISSAIT TOUTE LA NUIT...
... ET CHAQUE MATIN, IL TROUVAIT DE NOUVELLES CHAUSSURES QUI L'ATTENDAIENT !
QUELLE CHANCE ! NOUS AVONS JUSTE LES MODÈLES DONT ILS ONT BESOIN, ET DANS LA BONNE TAILLE !

EMRICK ET FRIEDA ÉTAIENT RECONNAISSANTS POUR LEUR NOUVELLE VIE, MAIS ILS CONTINUAIENT À ÊTRE INTRIGUÉS PAR LE MYSTÈRE DES CHAUSSURES...
SI JE FAIS TOUT CE TRAVAIL PENDANT MON SOMMEIL, POURQUOI NE SUIS-JE JAMAIS FATIGUÉ ?
OUBLIE TOUTES CES QUESTIONS, MAINTENANT. TU AS RENDU TELLEMENT DE GENS SI HEUREUX...
... REGARDE COMME ILS DANSENT DANS LEURS NOUVELLES CHAUSSURES !

PLUS TARD, DANS LA NUIT...
RIEN À FAIRE, JE NE PEUX PAS M'ARRÊTER DE PENSER À CE MYSTÈRE...
ALORS, RESTONS ÉVEILLÉS CETTE NUIT, ET VOYONS CE QUI VA SE PRODUIRE...
BIENTÔT, IL FUT PRÈS DE MINUIT...
JE VAIS LAISSER LES PATRONS ICI, COMME D'HABITUDE...
JE PENSE QUE C'EST UNE BONNE CACHETTE...

DANS L'OMBRE, ILS ATTENDIRENT PATIEMMENT...
... JUSQU'À CE QUE...
TEE-HEE!

GIGGLE
GIGGLE
SNIP
SNIP

FWOOSH!
FWOOSH!
PLOP!

QUE... QU'EST-CE QUE C'EST QUE ÇA ?...
QUELS INCROYABLES PETITS CORDONNIERS !
LES ÉTRANGES PETITES CRÉATURES TRAVAILLAIENT VITE...
THWIP!
... COLLANT...
SPLISH
SPLORSH
GIGGLE
GIGGLE
... ET CLOUANT...

... JUSQU'À CE QUE LEUR TRAVAIL SOIT TERMINÉ !
FWOOSH!
TE-HEE!

EMRICK, ÉTAIT-CE UN RÊVE ?
NON, ILS ÉTAIENT RÉELS, MA CHÉRIE !
ET CE SONT D'EXCELLENTS CORDONNIERS – BIEN MEILLEURS QUE JE NE LE SERAI JAMAIS !
ILS ONT FABRIQUÉ TELLEMENT DE CHAUSSURES POUR NOUS, ALORS QU'ILS N'ONT MÊME PAS DE VÊTEMENTS À EUX !
PEUT-ÊTRE POURRAIS-JE LEUR COUDRE DES CHEMISES BIEN CHAUDES ET DES PANTALONS ?
ET JE POURRAI LEUR CONFECTIONNER DE MINUSCULES BOTTES POUR TENIR LEURS PIEDS AU CHAUD !

PENDANT QUE LES HABITANTS DU VILLAGE S'AMUSAIENT, EMRICK ET FRIEDA TRAVAILLAIENT...
EMRICK
CLOSED
FWUMP!

JUSTE AVANT MINUIT, TOUT ÉTAIT PRÊT !
C'EST SI EXCITANT...
VITE, CACHONS-NOUS !

LES VOILÀ...

QUAND LES LUTINS TROUVÈRENT LES CADEAUX QUI AVAIENT ÉTÉ LAISSÉS POUR EUX, ILS POUFFÈRENT DE RIRE !
SWIIP!
SWIIP!
HEE
HEE
HEE
HEE
HEE

AH, AH, REGARDE COMME ILS ONT L'AIR CONTENTS !
LES PETITS PERSONNAGES S'HABILLAIENT JOYEUSEMENT AVEC LES VÊTEMENTS CHAUDS.
ILS LEUR ALLAIENT À LA PERFECTION !
LES LUTINS SEMBLAIENT SI EXCITÉS ET HEUREUX...
GIGGLE
GIGGLE
GIGGLE
GIGGLE
GIGGLE
GIGGLE
GIGGLE
GIGGLE

... QU'EMRICK ET FRIEDA NE PURENT
SE RETENIR DE RIRE PLUS LONGTEMPS...
GASP!
HA HA HA HA HA HA HA HA HA HA HA

ATTENDEZ !
NE PARTEZ PAS !

OH NON ! NOUS LEUR AVONS FAIT PEUR !
NOUS NE LES REVERRONS PLUS JAMAIS...
HMM...
JE CROIS QUE JE SAIS COMMENT LES TROUVER...

PLUS TARD, SUR
UN CHEMIN DE CAMPAGNE GELÉ...
TU VOIS, FRIEDA ?
OUI ! CES VIEUX CHÊNES SONT EXACTEMENT COMME DANS LE TABLEAU !

ET REGARDE CES TRACES !
ILS NE DOIVENT PAS ÊTRE LOIN...

ET, TOUT À COUP...
MERCI BEAUCOUP - À TOUS !
NOUS N'OUBLIERONS JAMAIS VOTRE GENTILLESSE !

LE LENDEMAIN MATIN,
EN SE RÉVEILLANT, EMRICK ÉTAIT CERTAIN
QUE TOUT N'AVAIT ÉTÉ QU'UN RÊVE...

MAIS ALORS...
FRIEDA, REGARDE !
QUOI DONC, MON CHÉRI ?

LES CRÉATURES MAGIQUES
AVAIENT RÉCOMPENSÉ EMRICK ET SA
FEMME DE LEUR DERNIÈRE VISITE...
ILS NE REVIRENT
JAMAIS LES PETITS LUTINS...
HEE-HEE!
the END
... MAIS ILS VÉCURENT
HEUREUX JUSQU'À LA FIN DE LEURS JOURS !

LES FRÈRES GRIMM :
UNE FAMILLE DE CONTES DE FÉES

Jacob et Whilelm Grimm vivaient en Allemagne. Pour écrire leurs contes, ils se sont inspirés du folklore local, et des histoires que leur racontaient les conteurs de leur pays. Paysans et citadins, hommes du peuple, riches aristocrates – jusqu'aux domestiques des frères Grimm – ont contribué à l'écriture de ces contes. Les deux frères ont également repris des contes issus d'ouvrages d'autres pays, enrichissant ainsi leur univers. En 1812, ils publièrent leur recueil de contes de fées, intitulé « Contes de l'enfance et du foyer ». Les frères Grimm figurèrent parmi les premiers à collecter et publier des contes et légendes fondés sur les récits des gens qui les entouraient. Aujourd'hui, il paraît difficile de rencontrer quelqu'un qui n'aurait pas au moins entendu parler de l'un des personnages si vivants mis en scène par les frères Grimm !